Leise kommt der Tod

Gift und Geld in Salzburg

A1/A2

Von Roland Dittrich

Illustriert von Römer & Osadtschij

Leise kommt der Tod

Roland Dittrich
mit Illustrationen von Römer & Osadtschij

Redaktion: Joachim Becker
Layout: Annika Preyhs für Buchgestaltung
Technische Umsetzung: Klein & Halm Grafikdesign, Berlin
Umschlaggestaltung: Ungermeyer, grafische Angelegenheiten

Bildquellen
Umschlagfoto: © doc-stock
S. 36: Fotolia / © JFL Photography (oben) / © Stihl024 (Mitte)
S. 37: Fotolia / © nickolae (oben) / © Cornelia Kalkhoff (Mitte links); Shutterstock /
Deymos.HR (Mitte rechts); Fotolia / © Spectral-Design (unten)

www.cornelsen.de

1. Auflage, 2. Druck 2024

© 2016 Cornelsen Schulverlage GmbH, Berlin
© 2024 Cornelsen Verlag GmbH, Berlin

Druck: H. Heenemann, Berlin

ISBN 978-3-06-120739-7

Inhalt

Sie können diese spannende Geschichte auch über einen MP3-Player zu Hause, bei einer Auto-, Zug- oder Busfahrt anhören und genießen.

Personen

Isabella Hofer, 47 Jahre
Ehefrau von Manfred Hofer,
war früher Sängerin, hat
jetzt ein Geschäft für Trachten

Dr. Hubert Sattler, 55 Jahre
Arzt für Innere Medizin,
hat eigene Praxis
am Mirabell-Platz

Verena Niemetz, 38 Jahre
Mutter von Florian,
medizinische Assistentin
in der Praxis von Dr. Sattler

Florian Niemetz, 17 Jahre
Schüler am Musischen Gymnasium,
spielt Cello, liebt Mozart,
aber auch Richard Wagner

Markus Berg, 28 Jahre
Detektiv und freier Journalist

Dr. Elisabeth Aumann, 32 Jahre
Kurzform „Lisa", Detektivin
gemeinsame Detektei SIRIUS in Köln

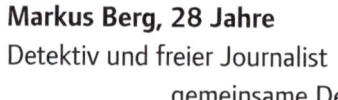

Orte der Handlung in Salzburg

Saint-Julien-Straße

Frosch-
heim

Gabelsberger Str.

Sterneckstr.

Salzach

Rainerstraße

Franz-

Josef-

Mirabellplatz

Schrannengasse

Straße

Schallmoser Hauptstr.

Müllner Hauptstr.

Schloss
Mirabell

Mirabellgarten

Dreifaltig-
keitskirche

*Kapuziner-
berg*

Kapuziner-
kloster

Franz-Josef-Kai

Giselakai

Imbergstraße

Mönchsberg

Getreidegasse

Rudolfs-

kai

Salzach

Fest-
spiel-
häuser

Dom

Festungs-
bahn

Festung
Hohensalzburg

Petersbrunnstr.

① Altes Rathaus
② Domplatz
③ Mozarts Wohnhaus
④ Mozarts Geburtshaus
⑤ Universität Mozarteum
⑥ Museum der Moderne

0   200   400 m

Kapitel | 1

„Jedermann!", schallt es über den Domplatz von Salzburg.
„Jedermann!" – und da kommt von hinten langsam der Tod.
Die Menschen auf dem Theaterplatz sehen und fühlen das
Drama: Ein Mann muss sterben und der Tod holt ihn ab.
5 Die blonde Frau in der dritten Reihe flüstert ihrem Mann
ins Ohr: „Siehst du, zu jedem kommt einmal der Tod, und
manchmal ganz leise und plötzlich."
Der Mann flüstert zurück: „Was sagst du da?"
Frau Hofer fragt jetzt etwas lauter: „Naja, man muss auch
10 an die Zeit danach denken... Was ist mit deiner Lebensver-
sicherung?"
Herr Hofer schaut seine Frau schnell an: „Isa – Isabella?
Warum fragst du jetzt? Natürlich ist das alles fertig, schon
seit Wochen..."

1 es schallt: man hört etwas Lautes
2 der Tod: er kommt, wenn jemand stirbt
5 flüstert ... ins Ohr: jemand nahe sein und leise sprechen
10 die Lebensversicherung: sie zahlt, wenn jemand stirbt

„Psst! Ruhe bitte", sagen die Leute neben ihnen.

Plötzlich legt er die Hand an sein Herz: „Du, mir geht es nicht gut. Es ist besser, ich gehe nach Hause."

Er steht auf und geht langsam auf die Straße. Alles tut ihm weh. 5

*

Zu Hause, endlich zu Hause!

Manfred Hofer setzt sich ans Fenster. Hier, von der großen Wohnung in der Imbergstraße, kann er die Salzach sehen, den Dom und hoch über der Stadt die Festung Hohensalzburg. 10

Er schaut hinaus und hört Musik – eine Sinfonie von Haydn.

Da klingelt das Telefon. Es ist Isabella:

„Hallo Manni, Schatz! Ich bin noch in der Stadt, mit Freundinnen. Du, ich habe mir einen Brilli gekauft – tolles Ding! Du findest ihn sicher auch schön ... Geht es dir wieder besser? Bis später – Baba!" 15

14 Schatz: liebes Wort für jemand, *hier:* nur ein leeres Wort
14 der „Brilli" = der Brillant: teurer, schöner Edelstein
16 Baba!: *österreichisch für:* Tschüs!/Auf Wiedersehen!

Müde legt er das Telefon auf. Was für eine Frau ist das?, denkt er – und hat eine Idee.

Er ruft Leo Sawatzki an. Der ist von der „Colona"-Versicherung und hat sein Büro nicht weit von Manfreds Wohnung.

5 „Herr Sawatzki, können Sie schnell zu mir kommen? Es ist dringend. Und bringen Sie bitte die Papiere zu meiner Lebensversicherung mit."

Nach zehn Minuten ist Sawatzki da: „Herr Hofer, was möchten Sie? Was ist so eilig?"

10 „Ich will etwas ändern, im Bezugsrecht. Da steht doch der Name von meiner Frau, richtig?"

„Ja, Herr Hofer, wenn Sie …, dann bekommt Ihre Frau alles – eine halbe Million!"

„Können Sie das sofort ändern und zur Colona schicken?
15 Mit dem Datum von heute?"

Sawatzki ist überrascht: „Wer soll denn jetzt das Bezugsrecht bekommen?"

„Warten Sie, ich schreibe es Ihnen auf, mit Adresse."

„Der? Sind Sie sicher?" Sawatzki glaubt es nicht.

20 „Fragen Sie nicht so viel. Machen wir das schnell: Ab sofort steht da sein Name. Und Sie sagen nichts, zu niemand! Ist das klar?"

Sawatzki schreibt alles auf, dann kommen noch die Unterschriften von beiden. Fertig!

25 Herr Hofer steht auf: „Entschuldigung, ich muss mich jetzt ausruhen. Ich danke Ihnen sehr für Ihre Hilfe. Jetzt ist alles gut. Servus!"

Mein lieber Junge, denkt Manfred, jetzt habe ich doch etwas für dich getan. Wer weiß, was kommt …

10 das Bezugsrecht: eine bestimmte Person bekommt das Geld
16 überrascht: für ihn kommt diese Information etwas plötzlich

Kapitel | 2

„Manni, da bin ich!" Isabella Hofer kommt nach Hause, laut
und fröhlich.

Ihr Mann liegt auf dem Sofa.

„Hör mal, das war nicht so nett von dir – einfach weggehen
und mich allein lassen! Was denken die Leute von uns? Das   5
tut man nicht."

„Das ist mir so egal", sagt er leise, „lass mich einfach in Ruhe."

„Manni, du siehst nicht gut aus. Komm, du brauchst wieder
deine Medizin, dieses Mal etwas mehr." Isabella ist jetzt sehr
nett zu ihm. „Und dann leg dich ins Bett und schlafe lange."   10
Er trinkt die Medizin aus, legt langsam den Kopf zurück und
alles wird dunkel.

*

In der Praxis von Dr. Sattler am Mirabell-Platz ist es zehn
Uhr. Verena Niemetz arbeitet dort.

Alles ist ruhig, denn bis jetzt ist niemand gekommen.   15

Aber wo ist der Doktor?

Da geht die Tür auf und Dr. Sattler kommt herein:

„Guten Morgen! Da war gerade ein Notfall. Aber ich konnte
nicht mehr helfen."
„Wer war es denn?", fragt Verena neugierig.
„Ein Patient von uns, dieser Hofer …"
5 Verena starrt ihn an und setzt sich.
„Er hatte ein gutes Medikament gegen seine Herzprobleme.
Aber heute Morgen war er …"
„Tot?", schreit Verena, „Tot? Ist das wahr?"
„Bleiben Sie ruhig. Was ist denn los?" Sattler versteht nicht.
10 „Kannten Sie Manfred Hofer?"
Verena antwortet nicht, hält die Hände vors Gesicht und
weint.
Sattler will ihr helfen: „Ich weiß, es ist manchmal traurig.
Er war so ein sympathischer Mensch, und er war auch ein
15 Freund von mir. Traurig ist das …"
Sie nimmt ihren Mantel und ihre Tasche: „Entschuldigung,
ich kann heute nicht mehr – das war zu viel."

*

Bei Isabella Hofer klingelt das Telefon: „Isabella Hofer", sagt
sie traurig und schwach.
20 „Ich bin's, Hubert, du klingst wirklich traurig, am Telefon, –
gefällt mir."
„Dr. Sattler, machen Sie keinen Spaß", sagt sie und lacht ein
bisschen.
„Meine Liebe, sag mal, wie geht es jetzt weiter?"
25 „Alles klar: Er hatte Herzprobleme und der Arzt – das heißt
du – konnte nicht mehr helfen."

1 der Notfall: eine gefährliche Situation, man braucht einen Arzt
5 starrt …an: schaut hart und direkt
10 kannten ← kennen

„Die Medizinflaschen sind weg?", fragt er schnell.

„Alles ist im Müll, und der Müll geht morgen weg."

„Und was ist mit ihm?" Sattler ist etwas nervös.

„Ganz einfach, der arme Mann kommt morgen ins Krematorium, und dann gibt es nur noch Asche von ihm", erklärt 5
Isabella kühl.

*

Am Abend kommt Florian Niemetz nach Hause. Die Wohnung ist dunkel, aber da hängt der Mantel von seiner Mutter.

„Hallo, Mama, wo bist du? Schläfst du schon?"

Er geht in die Küche, und da sitzt sie und weint, in der dunk- 10
len Küche.

Er legt seinen Arm um sie: „Mama, was ist los?"

Sie schaut ihn mit nassen Augen an: „Es tut so weh, es ist so
schrecklich…"

„Mama, sag schon. Ist etwas Böses passiert?" 15

„Florian setze dich und höre zu: Mit deinem Vater ist etwas
passiert…" Sie kann nicht weitersprechen.

„Hatte er einen Unfall? Ist er krank?"

„Nein, lieber Florian, dein Vater ist heute Nacht gestorben,
ganz plötzlich." 20

4 das Krematorium: dort kommen die Toten ins Feuer
5 die Asche: dieses Material bleibt nach dem Feuer zurück

Es ist jetzt sehr still, und dann sagt Florian laut: „Warum denn? Er war doch gesund! Und er war fit – wie in unseren letzten Ferien."

„Ich weiß es nicht. Dr. Sattler sagte heute, er hatte Herzpro-
5 bleme – aber warum weiß ich das nicht?"

„Nein, nein – nie! Da stimmt etwas nicht." Florian springt auf. „Da hat jemand was gemacht, vielleicht dieser Sattler. Ich mag diesen Arzt nicht!"

*

In Köln am Rhein sitzen die Detektive Elisabeth Aumann
10 und Markus Berg in ihrem Büro.

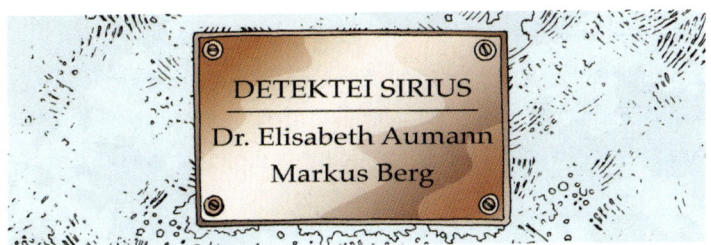

„Lisa, es ist schon spät, machen wir Schluss?"
Markus schaltet seinen PC aus.

„Du hast recht", Elisabeth ist müde, „für SIRIUS, unsere schöne Firma, läuft es nicht so gut."

15 „Vielleicht morgen? Da müssen wir zu einer großen Versicherung." Markus ist wie immer optimistisch.

„Naja, trinken wir noch ein Kölsch, in unserem Lokal?" Elisabeth will jetzt keine Arbeit mehr sehen.

16 optimistisch: er sieht das Leben positiv
17 ein Kölsch: Bier in Köln

Kapitel | 3

„Eine halbe Million Euro", sagt der Angestellte am Schreibtisch.

Markus Berg und Elisabeth Aumann sind bei der Versicherung Colona, im Büro von Herrn Neuer.

„Eine halbe Million?", fragt Elisabeth, denn sie kann es nicht 5
glauben.

„Richtig", sagt Herr Neuer, „wir sind eine große Versicherung.
So hohe Lebensversicherungen gibt es viele bei uns. Aber
wir haben hier ein Problem."

„Was für ein Problem?", fragt Markus. 10

„Dieser Herr Hofer aus Salzburg will – ich meine – wollte
diese Versicherung. Wie immer hatten wir dann eine Prü-
fung durch einen Arzt, und Herr Hofer war gesund, total
gesund."

„Gut für ihn", meint Markus. 15

„Ja, aber jetzt kommt es: Er ist plötzlich gestorben und niemand weiß, warum." Neuer ist etwas nervös. „Und jetzt müssen wir zahlen ..."

„Ist das nicht normal?" Elisabeth versteht nicht.

„Das muss ich Ihnen erklären: Wir zahlen nur bei natür- 20
lichem Tod, aber nicht bei Unfall – oder vielleicht Mord!"

„Was? Glauben Sie an so etwas?", fragt Elisabeth.

„Was heißt ‚glauben'? Alles ist möglich, und wir müssen das
genau wissen: natürlicher Tod oder nicht", wiederholt Neuer.

---

21 der Tod: jemand lebt nicht mehr
21 der Mord: jemand töten, das Leben nehmen

„Also – zahlen oder nicht", ergänzt Markus.

„Genauso. Und deshalb brauchen wir Sie."

„Das heißt, wir bekommen einen Auftrag von Ihnen?", fragt Elisabeth sofort.

5 „Ja. Gehen Sie nach Salzburg und untersuchen Sie den Tod von Herrn Hofer – natürlich oder nicht."

„Das können wir machen. Aber – wer hat das Bezugsrecht, wer bekommt das Geld? Seine Ehefrau?" Für Markus ist das die wichtigste Frage.

10 „Das darf ich Ihnen nicht sagen – Datenschutz, verstehen Sie?" Neuer ist da sehr hart.

„Das ist dann aber schwierig", findet Elisabeth.

„Ja, sicher. Aber unser Kollege in Salzburg, Herr Sawatzki, kann Ihnen helfen."

*

15 „Markus, wer von uns fährt nach Salzburg?"

„Ich weiß nicht, es ist ja sehr schön dort… Doch, ich weiß: Wir fahren zusammen!" Markus freut sich.

„Meinst du, das geht gut mit uns?" Aber sie sagt ja.

---

3 der Auftrag: man bekommt eine besondere Aufgabe

10 der Datenschutz: keine Informationen über die eigene Person!

Kapitel | 4

SALZBURG – DIE BÜHNE DER WELT!

„Schau mal, was da steht, auf dem Schild! Das stimmt – es gibt hier so viel Musik und Theater …" Elisabeth zeigt Markus diese schöne Stadt von oben, von der Festung Hohensalzburg. 5

„Und da gibt es sicher auch Dramen zwischen den Menschen", meint Markus.

„Sei nicht so negativ!" Elisabeth findet das nicht nett.

„Warum denn? Wegen so einem Drama sind wir wahrscheinlich hier oder nicht?", sagt er langsam. 10

„Klar, aber heute ist Sonntag, lassen wir die Arbeit bis morgen. Wollen wir nicht etwas unternehmen?"

„O.k., hast du eine Idee?"

---

1 die Bühne: dort spielt man Theater und macht Musik
6 die Dramen ← das Drama: das zeigt man im Theater

„Mehrere Ideen. Wir gehen durch die Altstadt spazieren und später sehen wir uns ‚Jedermann' an", schlägt Elisabeth vor.

„Das Drama mit dem Tod?", fragt Markus.

„Genau, vielleicht gibt es noch Karten. Und danach essen
5 wir Salzburger Nockerln. Hm!"

„Ist das nicht zu süß?" Markus kennt sie noch nicht.

„Nein, die sind wunderbar! Wie heißt das: Einmal essen – nie vergessen!"

*

Am Montagmorgen beginnt die Arbeit.
10 Die beiden Detektive haben einen Plan: Zuerst will Elisabeth zu Frau Hofer und zum Arzt Dr. Sattler gehen. Aber sie geht allein. Markus soll für diese Leute noch unbekannt bleiben, er kann dann später noch aktiv werden.

Nach einem Anruf steht Elisabeth in der Imbergstraße vor
15 einem großen, schönen Haus. Sie klingelt bei „Hofer" und fährt in den dritten Stock.

Oben wartet schon eine Frau und begrüßt sie:

„Guten Tag, Sie sind Frau Dr. Aumann? Ich bin Isabella Hofer. Kommen Sie weiter!"

20 Eine harte und kalte Frau, denkt Elisabeth.

„Ich komme im Auftrag von der Versicherung ...", aber sie kann nicht weitersprechen.

Sofort sagt Frau Hofer: „Das ist gut. Haben Sie gute Nachrichten? Wann bekomme ich das Geld?"

25 „Einen Moment Frau Hofer, ich muss Ihnen erst etwas erklären."

5 Salzburger Nockerln: Salzburger Spezialität → *Landeskunde*
23 die Nachrichten: *hier:* persönliche neue Informationen

„Na bitte", Frau Hofer setzt sich, Elisabeth auch.

„Wann Sie das Geld bekommen, weiß ich nicht. Ich habe eine andere Aufgabe: Die Versicherung will etwas Wichtiges wissen: War das bei Ihrem Mann ein natürlicher Tod oder vielleicht ein Unfall?" 5

Das Gesicht von Frau Hofer wird grau wie Asche:

„Das – das gibt es doch nicht! Was wollen die?"

Elisabeth erklärt ihr ruhig, wann man das Geld bekommt und wann nicht, und ihren Auftrag:

„Colona will wissen, was wahr ist und was nicht – und Sie 10 können dabei helfen."

Da schreit Isabella laut: „Diese Bagage! Die wollen nur nicht zahlen! – Das war alles natürlich, ich war doch dabei! Hier: von unserem Arzt ist auch der Totenschein. Da ist alles sauber." 15

„Entschuldigung, aber ich muss…", sagt Elisabeth.

„Sie müssen jetzt gehen, das müssen Sie! Gehen Sie gleich zu Dr. Sattler. Der sagt Ihnen was!"

12 die Bagage: *österreichisch, unfreundlich für:* schlechte Leute
14 der Totenschein: Dokument des Arztes zum Tod einer Person
14 sauber: *hier:* in Ordnung, nichts Falsches

Elisabeth ist weg, und Isabella geht sofort zum Telefon: „Hallo, Hubert! Kannst du sprechen? Bist du allein? Du, da war diese Aumann bei mir, die ist gefährlich, die will alles wissen…" Und sie erzählt ihm von dem Gespräch. „Pass auf,
5 die kommt jetzt direkt zu dir. Es war alles natürlich, hörst du?"

*

Die Praxis von Dr. Sattler ist am schönen und teuren Mirabell-Platz. Eine Frau öffnet ihr und sagt: „Guten Tag, Frau Dr. Aumann." Dann leiser: „Ich bin Verena Niemetz, wir spre-
10 chen uns noch." Dann lauter: „Sie möchten zu Dr. Sattler, hier bitte."
„Frau Aumann, nehmen Sie Platz. Also, Frau Hofer hat mich gerade angerufen. Sie ist total kaputt. Was haben Sie mit ihr gemacht?"
15 Der ist aber direkt, denkt Elisabeth, und gar nicht sympathisch.
„Das tut mir leid, ich hatte nur verschiedene Fragen an sie und habe ihr das mit der Versicherung erklärt", sagt sie kühl.
„Damit das klar ist: Herr Hofer hatte seit Wochen leichte und
20 dann schwere Herzprobleme, und dann leider… Aber das darf ich Ihnen als sein Arzt nicht sagen."
„Sie haben aber der Versicherung geschrieben, dass er gesund war." Elisabeth will es genau wissen.
„Ach was! Was man so schreibt… Sonst war er ja gesund.
25 Noch etwas? Gleich kommt ein Patient."
„Herr Doktor, wir sehen uns wieder."
„Ich hoffe nicht", er sieht sie böse an, „Servus!"
Beim Hinausgehen gibt ihr diese Verena schnell einen Zettel in die Hand.

Kapitel | 5

In der Pension „Amadeus" treffen sich Markus und Elisabeth
zum Frühstück.
„Schau mal, überall hängen hier Bilder von Mozart, ein biss-
chen viel", meint Markus.
„Sollen die vielleicht Bilder von Fußballern hinhängen?", sagt 5
sie und lacht dabei.
„Lisa, bitte mach keinen Stress. Das brauchen wir jetzt nicht,
oder?"
„Ist schon gut, sprechen wir über unsere Arbeit."
Und Lisa erzählt ihm von ihren Gesprächen und meint dann: 10
„Ich habe das Gefühl, etwas stimmt hier nicht: Einmal heißt
es, Hofer war gesund, dann wieder, er hatte Herzprobleme.
Am Ende ist er plötzlich tot..."
„Lisa, wir müssen das genau untersuchen. Und da kommt
noch die Frage: Wer profitiert davon?" 15
„Aber wir wissen nicht, wer das Geld bekommt", sagt Elisa-
beth, „vielleicht kannst du mit diesem Sawatzki sprechen."
„Mache ich. Du, ich habe noch etwas gefunden: Frau Hofer
hat ein Trachtengeschäft im Zentrum, und das Geschäft ist
voll von Kundinnen. Bei Sattler ist das anders: Seine Praxis 20
geht nicht gut, und die Mieten am Mirabell-Platz sind sehr
hoch."
„Markus, woher weißt du das?"

11 das Gefühl: etwas fühlen, etwas glauben
15 profitieren: etwas gewinnen, verdienen
19 Trachten: alte, traditionelle Kleidung

„Das bringen die Gespräche hier in den Lokalen."

„Prima! Jetzt haben wir vielleicht das Motiv", sagt Lisa vorsichtig, „wenigstens von diesem Arzt. Denn der braucht Geld."

*

Es ist zwei Uhr. Isabella Hofer hört, die Uhr von der Kirche
5 schlägt zweimal.

Gerade ist sie zurück von ihrem Geschäft. Sie ist zufrieden, denn sie hat heute viele Trachtenkleider verkauft.

Aber sie ist auch unzufrieden: keine Post von der Versicherung. Was ist los?

10 Jetzt ruft sie an.

„Colona Versicherungsgruppe, was kann ich für Sie tun?", fragt jemand.

„Ich – das heißt mein Mann hat eine Lebensversicherung bei Ihnen. Ich möchte wissen ..."

15 „Moment bitte, ich verbinde Sie weiter."

„Frank Neuer, guten Tag, was wünschen Sie?"

Isabella will viel wissen: „Wann gibt die Versicherung Bescheid? Wann kommt das Geld?"

Neuer antwortet: „Frau Hofer, am Telefon können wir leider
20 keine Auskunft geben. Außerdem – im Vertrag steht unter Bezugsrecht nicht Ihr Name."

„Wie bitte, das ist sicher ein Fehler von Ihnen! Welcher Name steht denn da, wenn nicht mein Name?"

Neuer sagt kurz: „Das ist leider unter Datenschutz. Am bes-
25 ten schreiben Sie uns, wir antworten dann."

Isabella versteht die Welt nicht mehr.

2 das Motiv: warum man etwas macht
5 schlägt ← schlagen: *hier:* laute Töne für jede Stunde

Es klingelt an der Tür.

Sie öffnet und da steht ein junger Mann. Er kommt sofort herein.

„Guten Tag Frau Hofer, ich bin Florian Niemetz."

„Was wollen Sie hier?" Isabella ist überrascht. 5

„Ich habe eine Bitte: Mein Vater ist jetzt tot", sagt er traurig und leise, „aber ich möchte gern die CD von unseren letzten Ferien. Das sind die letzten Fotos."

„Was? Wie denn? Sind Sie nicht an der falschen Adresse? Hier ist die Wohnung von Familie Hofer!" Isabella steht jetzt 10 Florian böse gegenüber.

„Nein, ich bin hier richtig. Ihr Ehemann ist – nein! War mein Vater! Verstehen Sie jetzt?"

„Sie sind verrückt! Das kann nicht sein, davon weiß ich ja gar nichts…" 15

„Egal, kann ich die CD haben oder nicht?"

„Ich muss erst suchen…" Isabella ist fast am Ende.

Jetzt wird er deutlich: „Außerdem – was haben Sie mit ihm gemacht? Da war etwas falsch! – Ich komme wieder!"

Er schlägt die Tür zu und geht. 20

20 schlägt die Tür zu: schließt die Tür sehr laut

Kapitel | 6

Froschheim – komischer Name für einen Stadtteil, denkt Elisabeth. Da fährt sie jetzt hin, zu Verena Niemetz.

„Willkommen, Frau Aumann", Verena begrüßt sie herzlich. „Das Haus ist nicht so toll und unsere Wohnung ist klein.

5 Aber es geht uns gut hier." Elisabeth gibt ihr ihre Karte.

„Nehmen Sie Platz. Möchten Sie etwas zu trinken?"

„Ja bitte, einen Tee." Elisabeth findet die Wohnung sympathisch: schöne Möbel, modern und alt, viele Bücher und Bilder, ein Klavier ...

10 Sie hat noch den Zettel in der Hand und fragt: „Frau Niemetz, warum wollen Sie mich sprechen?"

„Sagen Sie ‚Verena'. Ich habe gehört, Sie kommen von einer Versicherung in Deutschland. Und Sie sind eine Detektivin, wie ich auf der Karte sehe."

15 „Richtig", antwortet Elisabeth. „Ich soll hier etwas untersuchen."

„Vielleicht den Tod von Herrn Hofer?" Plötzlich fängt Verena an zu weinen. „Mein Gott, warum – warum denn?"

„Was ist denn mit Ihnen, warum sind Sie so traurig?"

20 „Entschuldigung, Manfred – ich meine, Herr Hofer – ich sage Ihnen jetzt alles: Manfred und ich waren ‚zusammen' – Mann und Frau, nicht verheiratet, aber wir liebten uns, wirklich!"

„Aber er war verheiratet, nicht? Und er ist bei seiner Frau geblieben?" fragt Elisabeth und sie weiß schon die Antwort.

---

14 die Karte: *hier:* Visitenkarte, mit Name, Adresse, Beruf
24 geblieben ← bleiben

„Das war sehr schlimm", erzählt Verena, „aber Manfred hat sich immer um Florian gekümmert. Bald wird er Musik studieren – am Mozarteum!"

Da geht die Tür auf und er steht da.

Ein hübscher, netter Junge, findet Elisabeth. 5

Sie stellen sich vor.

„Sie sind eine Detektivin? Die Polizei wäre besser."

„Warum?", fragt Elisabeth neugierig.

„Mein Vater ist gestorben, aber nicht wegen Herzproblemen. Er hat ein besonderes Medikament bekommen, etwas Gifti- 10 ges."

„Florian, sag so etwas nicht!" Verena will, dass er aufhört.

„Den Mörder kennen wir", ergänzt er.

„Und wer ist das?" Elisabeth findet das jetzt sehr interessant.

„Dieser Sattler, dieser Doktor! Der hat Vater etwas gegeben, 15 und dann war sein Herz kaputt."

3 das Mozarteum: Salzburger Akademie für Musik
13 der Mörder: er nimmt einer Person das Leben

„Verena, Sie arbeiten doch für Sattler. Haben Sie nichts gemerkt? Welches Medikament hat Herr Hofer bekommen?"
Elisabeth hört genau zu.

„Nein, das hat Sattler allein gemacht. Nur einmal habe ich
5 etwas gesehen, in seinem Schrank, eine kleine Flasche – da stand ‚Lacon…' oder so."

„Das ist eine schreckliche Idee, aber, Elisabeth, finden Sie die Wahrheit – für uns!"
In diesem Moment geht Florian hinaus.

*

10 Das Handy von Dr. Sattler klingelt.

„Doktor Sattler, guten Abend."

„Hier ist Isa. Hubert, etwas sehr Schlimmes ist passiert! Kann ich gleich zu dir kommen?"

„Ja, natürlich. Ich bin noch in meiner Praxis."

15 Nach wenigen Minuten ist Isabella bei ihm.

„Was ist denn los? Du siehst gar nicht gut aus."

„Hubert, zwei Sachen: Ich habe Besuch gehabt, von einem Florian Niemetz."

„Das ist der Sohn von meiner Assistentin. Warum war der
20 bei dir? Verstehe ich nicht."

„Er sagte mir: mein Mann ist – war – sein Vater!"

„Ist nicht wahr…" Hubert ist sehr überrascht.

„Doch, und er wollte Fotos vom Urlaub mit ihm!"
Jetzt wird Isabella lauter. „Der gute Manfred ist mit ihr
25 ‚zusammen', die ganzen Jahre, bekommt auch einen Sohn! Und ich dumme Frau habe nichts gemerkt…"

---

2 gemerkt ← merken: etwas sehen, hören oder fühlen
8 die Wahrheit: das, was wahr ist
19 die Assistentin: Angestellte, sie arbeitet für den Doktor

„Ich auch nicht. Das ist aber …", will er sagen.

„Das war kein Mensch – das war ein Tier!"

„Isa! Man spricht nicht schlecht über Tote!"

„Gut, Herr Lehrer. Dann erzähle ich dir noch etwas: Mit der Lebensversicherung gibt es Probleme." 5

„Was? Warum denn?" Hubert muss sich setzen.

Jetzt hört er die schlechte Nachricht: Isabella hat nicht das Bezugsrecht!

„Das heißt, du bekommst das Geld wahrscheinlich nicht? Und mein Teil?" Er springt auf. „Wie soll ich meine Kredite 10 bezahlen? Ich bin am Ende."

„Hubert, das ist schade, aber das ist deine Sache."

„Und dafür haben wir deinen Mann …"

„Hast du meinen Mann … – ich habe nur geholfen", sagt sie kühl. „Außerdem, ich habe genug Geld." 15

So a Luada, denkt er.

Da hört man plötzlich einen Krach!

Hubert läuft ins Wartezimmer. Das Fenster zur Straße ist kaputt.

Auf dem Teppich liegt ein großer Stein. Und an dem Stein 20 steckt ein Zettel. Auf dem steht „Mörder!"

14 geholfen ← helfen
16 a Luada: österreichisch böse für: eine schlechte Person
17 der Krach: sehr lauter und harter Ton/Lärm
20 der Stein: hartes Stück Material, von einem Berg

Kapitel | 7

„Was tun wir jetzt?", fragt Elisabeth müde.

„Gute Frage. Vielleicht war das wirklich Mord. Aber man kann es nicht beweisen. Man kann den toten Hofer nicht mehr untersuchen. Er ist jetzt nur noch Asche." Markus weiß
5 auch nicht weiter.

„Außerdem, es gibt Mittel, die bekommt jemand, und nach ein paar Stunden findet man nichts mehr im Körper. Vielleicht hat Hofer so etwas bekommen? Mir sagte Verena Niemetz etwas von einem ‚Lakon‘ oder so. Vielleicht hat Sattler
10 ihm das gegeben?"

„Lisa, du bist aber gut informiert!"

„Also, Markus, ich gehe jetzt zu Herrn Sawatzki und noch einmal zu Frau Hofer. Machen wir weiter."

„Und ich rufe meinen Freund Sigi an. Der arbeitet in einer
15 Apotheke und kennt sicher die Medikamente für Herzkranke."

*

Markus erreicht Sigi, erzählt ihm, dass er in Salzburg ist und warum. Dann kommt er zu seiner Frage und hört: „Für Herzkranke gibt es viele Medikamente."
20 Er fragt weiter: „Aber da ist eins, das heißt ‚Lakon‘ oder so. Kennst du das?"

---

3 beweisen: suchen und dann finden, was wahr ist

Sigi kennt es: „Du meinst doch nicht ‚Laconitin‘? In sehr kleinen Mengen ist das eine Medizin, aber mehr davon bringt den Tod, den Herztod. Dieses Gift kann langsam oder schnell krank machen!"

„Sigi, ich danke dir. Vielleicht brauche ich dich noch." 5

Dann schreibt er für Elisabeth einen Zettel:

Ich besuche Dr. Sattler in seiner Praxis.
Mal sehen, was ich dort mache. Tschö!

Markus steht vor Dr. Sattler und denkt: Komisch ist der, den würde ich nicht als meinen Arzt nehmen. 10

„Mein Name ist Berg, aus Köln. Herr Doktor, ich bin hier als Tourist und heute habe ich plötzlich Herzschmerzen. Ich verstehe nicht, warum."

„Meine Sprechstunde ist schon zu Ende, aber ich kann Sie schnell mal untersuchen." 15

Dann sagt er: „Also, ich kann nichts finden. Alles ist in Ordnung. Sie müssen nicht mehr zu mir kommen."

„Vielen Dank, Herr Doktor!"

Markus geht, aber er geht doch nicht. Er macht nur die Tür laut zu und dann versteckt er sich in einer Ecke und wartet. 20

Sattler geht und schließt die Tür ab.

Jetzt wird Markus aktiv. Er geht leise in das Arztzimmer und sucht mit seinen Augen …

Da ist ein kleiner Schrank neben dem Schreibtisch! Aber er ist abgeschlossen. Markus holt ein kleines Messer aus der 25

Tasche und macht die Tür auf. So etwas kann er!

3 das Gift: Material, das giftig ist
9 komisch: *hier:* fühlt, bei dem stimmt etwas nicht
20 sich verstecken: eine Stelle suchen, wo mich niemand sieht

Im Schrank sieht er viele kleine Flaschen, aber was auf den Etiketten steht, versteht er nicht.

Mit dem Handy ruft er wieder Sigi an. Sigi ist überrascht, aber hilft ihm: „Du, wenn du Laconitin suchst, das ist ein brauner

5 Saft, ‚Poly-Cefuroximatylen' steht dann auf dem Etikett."

„Ja, das ist es!" Markus hält die Flasche in seiner Hand – da fühlt er einen harten Schlag auf den Kopf und sieht nichts mehr.

Langsam wacht er auf, aber

10 sein Körper ist schwer.

Er liegt auf dem Kranken-
bett. Vor ihm steht Dr. Sattler mit einer Spritze in der
Hand.

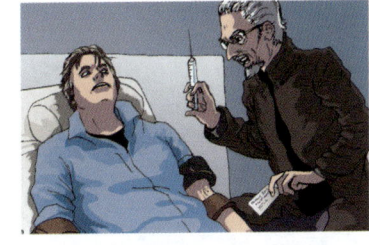

15 „Hallo, Herr Berg, was haben Sie in meiner Praxis gemacht? Haben Sie etwas gesucht?"

„Ja", sagt Markus langsam, „das Gift für Herrn Hofer. Das war Mord – das waren doch Sie, nicht?"

„Richtig, mit Hilfe von Frau Hofer. Ah, hier ist Ihre Karte: Sie

20 sind Detektiv! – aber nicht mehr lange."

Sattler lacht und zeigt sein hässliches Gesicht.

„Das Laconitin ist schon in Ihnen, Sie werden nichts fühlen – leise kommt der Tod…"

„Sie sind ja verrückt. Helfen Sie mir! Rufen Sie den Notarzt",

25 kann Markus nur noch leise sagen. Dann weiß er nichts mehr.

„Den Notarzt rufe ich später – der findet dann wieder nichts – gutes ‚Medikament'! Servus, bis dann!"

---

2 das Etikett: das Papier an einer Flasche zur Information

7 der Schlag: *hier:* etwas sehr Hartes gegen seinen Kopf

13 die Spritze: damit geht die Medizin direkt in den Körper

Kapitel | 8

Es ist schon spät. Elisabeth kommt zurück in die Pension
„Amadeus". Von ihren Besuchen bringt sie keine neuen Infor-
mationen mit. Sawatzki will nichts sagen. Frau Hofer ist ein
bisschen zu fröhlich...
„Da kommt ein Anruf: „Hallo Elisabeth, hier ist Verena. Du 5
– wir können doch ‚du' sagen, oder? Warum gehen wir nicht
zusammen zum Abendessen, du, dein Kollege und ich?"
„Eine sehr gute Idee", findet Elisabeth sofort.
„Schön! Ich hole euch ab und dann essen wir im ‚Stern', in
meinem Lieblingslokal!" 10
„Moment, ich muss noch Markus fragen."
Aber Markus ist nicht in seinem Zimmer.
Da ist ein Zettel: Markus bei Sattler? – und noch nicht
zurück? Elisabeth wird nervös, sehr nervös.
Sie ruft ihn auf dem Handy an, aber da ist nur der Anrufbe- 15
antworter. Das ist nicht normal bei Markus!
Sie ruft sofort Verena an: „Ich mache mir Sorgen, große Sorgen. Was soll ich tun?"
„Elisabeth, vielleicht sind die beiden in einem Lokal. Aber:
sicher ist sicher! Bleib ruhig, ich bin sofort bei dir und bringe 20
den Schlüssel von der Praxis mit..."
Beide fahren mit dem Auto dorthin, schließen die Tür auf,
machen das Licht an, gehen ins Arztzimmer. Und was sehen
sie? – Da liegt Markus, die Augen geschlossen, das Gesicht
weiß wie Schnee. 25

22 schließen... auf: mit dem Schlüssel öffnen

Elisabeth fühlt ihn an – er ist kalt! „Du, der ist tot, fast tot! Ein
Notfall, schnell! Ruf den Notarzt!"
Die Rettung ist sofort da.

*

Langsam öffnet Markus die Augen, das Licht ist zu stark:
5 „Wo bin ich? Was ist los?"
„Hallo Markus, endlich! Du bist wieder zurück im Leben!"
Elisabeth küsst ihn auf beide Wangen.

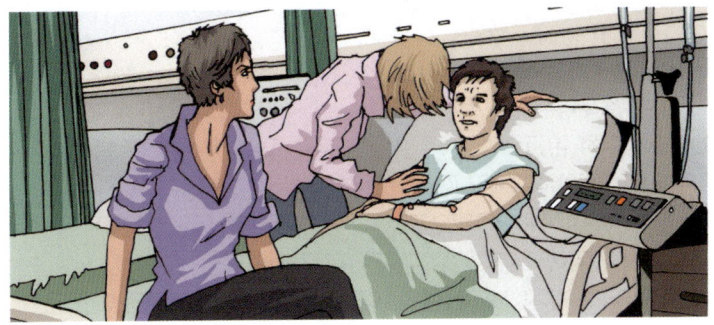

„Der Sattler hat mich…", will er sagen, aber dann macht er
wieder die Augen zu. Er ist noch sehr schwach.
10 Verena versteht sofort: „Gift! Das war Gift von ihm. Sattler ist
ein Mörder! Schnell, die Polizei!"

*

Vom Abendessen mit gutem Wein kommt Dr. Sattler zurück
in die Praxis. Die Uhr von der Kirche schlägt zwölf Mal.
Er will nach seinem „Patienten" schauen und dann den Not-
15 arzt rufen.

---

3 die Rettung: bringt im Notfall Patienten ins Krankenhaus
7 die Wange: Teil vom Gesicht an der Seite

Aber was ist denn das? Der Mann ist weg, der Tote ist weg!
Wie geht denn das? War die Medizin zu schwach? Laconitin
war doch immer sicher…

Da hört er etwas. Er schaut auf die Straße und sieht – ein
Polizeiauto! 5

„Die Kieberer, die kommen doch nicht zu mir? Doch! Sie
steigen aus und kommen zu meinem Haus. Aus! Alles ist
verloren."

Er wartet nicht lange, geht zu seinem Schrank, holt eine Flasche, eine Spritze – jetzt aber schnell! 10

Es klingelt an der Tür, dann klopft es sehr laut: „Polizei! Öffnen Sie die Tür! Öffnen Sie sofort die Tür!"

„Moment, ich habe den Schlüssel." Verena schließt die Tür
auf, dann gehen sie vorsichtig ins Arztzimmer.

Und da sitzt in seinem Sessel Dr. Hubert Sattler, still, mit ver- 15
zerrtem Gesicht und leeren Augen.

Ein Polizist fühlt an seinem Herzen: „Er ist tot. Zu spät! Wir
sind zu spät gekommen."

Der Tod war schneller.

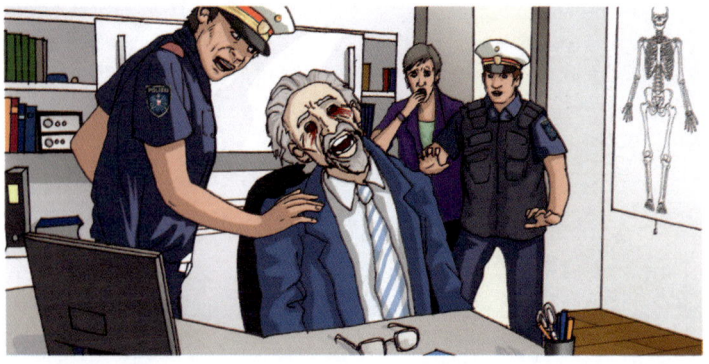

6 die Kieberer: *österreichisch für:* die Polizisten
16 verzerrt: harte Linien im Gesicht, durch den Schmerz

Kapitel | 9

„Salzburger Nockerln! Noch einmal." Elisabeth liebt sie, Markus mag sie auch.

Mit Verena und Florian sitzen sie zusammen im Restaurant „Stern", draußen im Garten.

5 „Markus, wie fühlst du dich? Geht es dir wieder besser?" Verena schaut ihn genau an.

„Danke, immer besser – ich bin nur noch ein bisschen müde." Da legt er seine Arme um Elisabeth und Verena. „Ich bin euch so dankbar!"

10 „Naja, wir hatten Glück, großes Glück." Elisabeth ist sehr froh.

„Sprechen wir über etwas anderes", beginnt Verena, „und das ist auch ein Glück! Florian, sag du es."

„Gern. Heute ist ein Brief gekommen, von so einer Versicherung. Und da steht: Mein Vater hatte eine Lebensver-
15 sicherung und...", für einen Moment ist er nicht mehr fröhlich, „jetzt ist er ja gestorben und...", er macht wieder eine Pause, „ich bekomme das Geld davon, hört mal: eine halbe Million!"

Elisabeth und Markus sehen sich – überrascht – an. Einen
Moment schweigen alle, dann sagt Verena: „Die schreiben,
es gibt nur noch ein paar offene Fragen. Was sagt ihr jetzt?"
Elisabeth gibt Florian die Hand: „Das ist ja wunderbar. Wir
gratulieren dir! Hoffentlich geht alles gut."   5
„Wir geben heute Abend ein kleines Konzert, auf der Hohensalzburg. Darf ich euch dazu einladen?" Florian hat für sie
schon ein Programm.
Verena ruft fröhlich: „Zweimal Glück! Ich möchte euch auch
einladen – zu einem guten Wein!"   10
„Für mich nur Tee, bitte", sagt Markus müde.

*

Isabella Hofer ist überrascht: Polizisten stehen plötzlich vor
ihrer Tür.
„Guten Tag, was wollen Sie?"
„Frau Hofer, wir haben ein paar Fragen – zum Tod von   15
Dr. Sattler. Kommen Sie bitte mit."
„Was sagen Sie da? Er – er ist tot? Wie ist das passiert?" Isa-
bella kann es nicht glauben.
Auf der Polizeiwache dauert es nicht lang und dann ist sie
wieder frei. Sofort ruft sie Elisabeth an: 20
„Frau Aumann, die Kieberer waren bei mir – mein Freund
Hubert ist tot!" Elisabeth hört, dass sie weint.
„Erst mein Mann, dann mein liebster Freund. Ich bin jetzt
ganz allein…"
„Frau Hofer, das geht vorbei."   25
„Danke! Sie haben recht. Ich habe ja noch mein schönes
Geschäft – in der alten Getreidegasse! Wollen Sie sich das
nicht anschauen?"

2 schweigen: nichts sagen

Später stehen Elisabeth und Markus vor dem Geschäft von
Frau Hofer.

„Willkommen! Kommen Sie herein! Probieren Sie doch etwas
an – ich schenke es Ihnen!"

5 Markus steht da, in der Lederhose. Und Elisabeth steht vor
ihm – in einem Dirndl! Beide müssen lachen: „Wie siehst du
denn aus?" – „Und du?!"

„Nein, damit können wir doch in Köln nicht auf die Straße
gehen! Vielen Dank und – alles Gute!"

*

10 Elisabeth und Markus sind auf dem Weg nach Köln. „Das
war gestern ein wunderbares Konzert. Dieser Florian spielt
wirklich gut."

Markus meint dazu: „Salzburg und Mozart, das ist wirklich
toll – aber bitte ohne Gift!"

15 „Aber – was machen wir jetzt?", sagt Elisabeth leise.

„Das wollte ich dich auch fragen", antwortet Markus.

„Schau mal, wenn wir sagen: Das war Mord – dann bekommt
Florian nichts, niemand bekommt etwas, denn es war kein
natürlicher Tod."

20 Elisabeth fährt jetzt langsamer, und sie meint:

„Stimmt! Aber wenn wir das Gegenteil sagen – Hofer war
wirklich krank, der Arzt war schlecht… Dann ist das doch
kriminell!"

„Ja, aber nur ein bisschen…"

Ende

3 probieren …an: anziehen und sehen: passt es?
5 die Lederhose, das Dirndl: traditionelle Kleidung
23 kriminell: etwas gegen Gesetz und Moral tun

Landeskunde Salzburg

Teil A
Salzburg

liegt im Westen von Österreich, vor den Alpen. Viele Besucher
kommen in diese berühmte Stadt und freuen sich über ihre
Schönheit. Hoch auf dem Berg steht die Festung Hohensalzburg.

Teil B
Die Salzburger Trachten
Traditionelle Kleidung, bei
großen Festen und in Vereinen
trägt man das Dirndl und die
Lederhose.

Teil C
Die Salzburger Festspiele
Salzburg – „die Bühne der Welt" bietet Klassisches
und Modernes in vielen Festspielen, z. B. im Sommer
„Jedermann. Das Spiel vom Sterben des reichen Mannes"
oder Konzerte im Schloss Mirabell.

Teil D
Wolfgang Amadeus Mozart
1756 in Salzburg, in der Getreidegasse 9,
geboren. Schon als Kind komponierte er
und ist seitdem mit seiner wunderbaren
Musik weltberühmt.

Teil E

**Salzburger
Spezialitäten**
Salzburger Nockerln
(ein leichtes, süßes
Dessert) und
Mozart-Kugeln
(süß und rund)

Teil F
**Schloss Mirabell im
Mirabellgarten**
1606 vom Fürsten Wolf Dietrich
für eine Frau gebaut. Im Barock-
saal gibt es schöne Konzerte.

Teil G
Szene Salzburg
Hip-Hop – Streetdance – Breakdance: neben der klassi-
schen Kultur ist Salzburg ein Zentrum für moderne Tanz- und
Jugendkultur – mit Kursen, Workshops und vielen Events.

Übungen

Kapitel 1

Ü 1   **Der Krimi spielt in** _____ .

Ü 2   **Welches Theaterstück sehen die Zuschauer vor dem Dom?** _____

     Wer kommt leise von hinten?

     _____

Ü 3   **Für Frau Hofer ist jetzt etwas sehr wichtig:** die _____ von ihrem Mann!

Ü 4   **Warum will Manfred nach Hause gehen?**
     a. Das Spiel mit dem Tod gefällt ihm nicht. ☐
     b. Es geht ihm nicht gut. ☐
     c. Er hat plötzlich Angst. ☐

Ü 5   **Manfred Hofer ändert schnell etwas: Wer soll das Geld bekommen, wenn er stirbt.**
     Was denken Sie? _____

Kapitel 2

Ü 1   **Warum stirbt Manfred Hofer so plötzlich?**
     a. Die Medizin hilft nicht. ☐
     b. Der Stress mit Isabella ist zu viel für ihn. ☐
     c. Die Medizin ist für ihn giftig. ☐

Ü 2 **Was erzählt Dr. Sattler über Hofers Tod? Ergänzen Sie!**
1. Herr Hofer war ein _____ von mir.
2. Er hatte ein gutes _____ gegen seine Herzprobleme.
3. Aber ich konnte nicht mehr _____ .
4. Er war so ein _____ Mensch und auch ein _____ von mir.

Ü 3 **Wie fühlt sich Verena Niemetz?**
Was denken Sie? _____

Ü 4 **Eine neue Information:**
Florian ist der _____ von Manfred Hofer!

Kapitel 3

Ü 1 **Wann zahlt die Versicherung?**
a. bei einem Unfall ☐
b. bei einem Mord ☐
c. bei natürlichem Tod ☐
d. immer ☐

Ü 2 **Warum sagt Herr Neuer nicht, wer das Geld bekommt?**
a. Er weiß es nicht. ☐
b. Er möchte keinen Fehler machen. ☐
c. Er darf es nicht. ☐
d. Er muss erst seinen Chef fragen. ☐

Kapitel 4

Ü 1 **Salzburg! Schauen Sie auf die Landeskunde,**
Seiten 36–37. Was finden Sie am interessantesten?

_____

Ü 2 **Das Gespräch zwischen Elisabeth und Isabella ist**
nicht freundlich.
Was sagt Elisabeth ☐E☐, was sagt Isabella ☐I☐?
1. Ich komme im Auftrag der Versicherung. ☐
2. Wann bekomme ich das Geld? ☐
3. War das bei Ihrem Mann ein Unfall? ☐
4. Colona will wissen, was wahr ist. ☐
5. Die wollen nur nicht zahlen! ☐
6. Gehen Sie gleich zu Dr. Sattler. ☐

Ü 3 **„Ach was! Was man so schreibt…", sagt Sattler.**
Was meint Sattler damit?
a. Das stimmt nie, ist immer falsch. ☐
b. Das kann passieren, ist aber nicht wichtig. ☐
c. Das passiert mal, ist aber alles positiv. ☐

Ü 4 **Was steht auf dem Zettel? Was denken Sie?**

_____

Kapitel 5

Ü 1   **Die Detektive diskutieren ihre Informationen.**
Ergänzen Sie die Wörter aus dem Kasten.

> braucht, geht, hoch, Motiv, profitiert,
> stimmt, untersuchen

1. Etwas _____ hier nicht.
2. Wir müssen das genau _____ :
3. Wer _____ von Hofers Tod?
4. Die Praxis von Sattler _____ nicht
   gut, und die Mieten sind sehr _____ .
5. Jetzt haben wir vielleicht das _____ :
6. Der Arzt _____ Geld!

Ü 2   **Heute ist ein schlechter Tag für Frau Hofer.**
Die Versicherung sagt: Im Vertrag steht nicht ihr
_____ ! Wer das Geld bekommt, darf
sie aber nicht wissen – das steht unter _____ .
Dann kommt Florian Niemetz und sagt ihr, dass Manfred sein _____ war! Er ist böse und
will wissen: Was ist mit ihm _____ ?

Kapitel 6

Ü 1 **Verena erzählt Elisabeth viel. Was steht im Text?**
1. Die Arbeit bei Dr. Sattler ist nicht gut. ☐
2. Manfred und ich waren „zusammen". ☐
3. Wir liebten uns sehr. ☐
4. Wir waren eine kurze Zeit verheiratet. ☐
5. Er hat immer etwas für Florian getan. ☐

Ü 2 **Wie finden Sie Verena** ☐V☐ **? Und wie ist Frau Hofer** ☐H☐ **? Ihre Meinung bitte!**
freundlich ☐ unfreundlich ☐ stark ☐
positiv ☐ kalt ☐ nett ☐ lieb ☐ dumm ☐
hübsch ☐ sympathisch ☐ unsympathisch ☐

_____

Ü 3 **Was denkt Florian? Glauben Sie das auch?**
Ja ☐+☐   Nein ☐−☐   Vielleicht ☐?☐
1. Die Polizei ist besser als die Detektivin. ☐
2. Manfred ist nicht wegen Herzproblemen
   gestorben. ☐
3. Er hat etwas Giftiges bekommen. ☐
4. Dr. Sattler ist der Mörder. ☐
5. Wir kennen das giftige Medikament! ☐

Ü 4 **Welches Problem hat Sattler jetzt?**
Er bekommt wahrscheinlich kein Geld und kann seine
Kredite nicht _____ .

Ü 5 **Von wem ist der Stein mit dem Zettel?**
Von _____ .

Kapitel 7

Ü1 **Markus sucht in der Praxis von Dr. Sattler nach dem Medikament „Laconitin".**
Wie finden Sie das? _____

Ü2 **Was passiert dann?**
1. Markus merkt nicht, dass Sattler hinter ihm ist. ☐
2. Sattler gibt Markus eine Injektion. ☐
3. Markus kann die Spritze wegnehmen. ☐
4. Markus will Hilfe gegen das Gift. ☐
5. Sattler ruft den Notarzt. ☐
6. Markus stirbt. ☐

Kapitel 8

Ü1 **Welche schöne Idee hat Verena?**
Sie gehen zusammen _____ .

Ü2 **Markus und Sattler – was passiert da?**
Wie ist die richtige Reihenfolge?
☐ Sattler kommt zurück, will nach dem Toten schauen.
☐ Sie finden Markus und rufen die Rettung.
☐ Sattler sieht, dass die Polizei kommt. Da gibt er sich eine Spritze …
1 Elisabeth kommt zurück und findet den Zettel von Markus.
☐ Sattler ist der Mörder! Sie rufen die Polizei.
☐ Elisabeth ruft Markus an, aber er antwortet nicht!
☐ Zu spät! Sattler sitzt in seinem Stuhl und ist tot.
☐ Markus wacht auf. Er lebt!

Kapitel 9

Ü1 Markus hat Glück gehabt, aber auch Florian!
Ergänzen Sie die Wörter aus dem Kasten.

> bekommt, dankbar, einladen, fühlt, Glück,
> gestorben, gratulieren

1. Markus _____ sich nur noch ein
   bisschen müde.
2. Er ist den beiden Frauen sehr _____ .
3. Sie hatten großes _____ .
4. Florian ist noch sehr traurig, dass sein Vater
   _____ ist.
5. Aber etwas ist gut: Er _____ das
   Geld von der Lebensversicherung.
6. Elisabeth und Markus _____ ihm.
7. Florian möchte sie gern zu einem Konzert
   _____ , oben auf der Festung!

Ü2 Wie geht es weiter mit Isabella Hofer?
Was passt hier zusammen?

1. Die Polizisten haben Fra-   a. „Ich bin jetzt ganz
   gen …   allein!"
2. „Was? Er ist tot?"   b. „Wollen Sie sich das
                                           nicht anschauen?"
3. „Erst mein Mann, dann   c. „Probieren Sie doch
   mein Freund …"   etwas an!"
4. „Ich habe ein schönes   d. zum Tod von Sattler.
   Geschäft."
5. „Kommen Sie herein!"   e. „Wie ist das passiert?"

Ü 3   **Die Detektive wollen der Versicherung nichts über den Mord sagen.**

Finden Sie das richtig? _____

Kapitel 1–9

Ü 1   **Hier sind die Titel zu den Kapiteln 1–9.**
Finden Sie das richtige Kapitel!

3   Die Versicherung gibt den Detektiven einen Auftrag.

☐   Elisabeth und Verena retten Markus und Sattler tötet sich selbst.

☐   Der kranke Manfred Hofer ändert seine Versicherung.

☐   Markus tut etwas Gefährliches und Sattler will ihn töten.

☐   Florian wird das Geld bekommen und die Detektive sind zufrieden.

☐   Manfred Hofer ist gestorben und Verena weint.

☐   Warum ist Hofer gestorben? Wer bekommt das Geld? Ist Florian der Sohn von Hofer?

☐   Verena war die Liebe von Manfred. Und es gibt Streit zwischen den Mördern.

☐   Die Detektive beginnen ihre Arbeit in Salzburg.

Ü 2   **Wie geht das Leben für diese Personen weiter?**
Was meinen Sie?

Florian: Wird er studieren oder nicht?   _____

Verena: Findet Sie eine neue Arbeit?   _____

Isabella: Kommt wieder die Polizei?   _____

Elisabeth und Markus: Was ist die nächste Aufgabe?

_____

Lösungen

Kapitel 1
Ü1 Salzburg
Ü2 „Jedermann"; der Tod
Ü3 Versicherung/Lebens-
     versicherung
Ü4 b
Ü5 (Ihre Idee)

Kapitel 2
Ü1 c
Ü2 Patient, Medikament, helfen,
     sympathischer, Freund
Ü3 (Ihre Meinung)
Ü4 Sohn

Kapitel 3
Ü1 c
Ü2 er darf es nicht

Kapitel 4
Ü1 (Ihre Meinung)
Ü2 1E, 2I, 3E, 4E, 5I, 6I
Ü3 b
Ü4 Ich muss Sie sprechen./
     Kommen Sie zu mir?/
     (Ihre Idee: _____)

Kapitel 5
Ü1 1: stimmt, 2: untersuchen,
     3: profitiert, 4: geht, hoch,
     5: Motiv, 6: braucht
Ü2 Name, Datenschutz, Vater,
     passiert

Kapitel 6
Ü1 2, 3, 5
Ü2 (Ihre Meinung)
Ü3 (Ihre Meinung)
Ü4 bezahlen
Ü5 (Ihre Idee)

Kapitel 7
Ü1 (Ihre Meinung)
Ü2 1, 2, 4

Kapitel 8
Ü1 zum Abendessen
Ü2 6., 3., 7. ,5., 2., 8., 4.

Kapitel 9
Ü1 1: fühlt, 2: dankbar,
     3: Glück, 4: gestorben,
     5: bekommt, 6: gratulieren,
     7: einladen
Ü2 1 d, 2 e, 3 a, 4 b, 5 c
Ü3 (Ihre Meinung)

Kapitel 1–9
Ü1 Kapitel 8, 1, 7, 9, 2, 5, 6, 4
Ü2 (Ihre Idee)

MP3:
Leise kommt der Tod
Gift und Geld in Salzburg

Gelesen von Eva Gaigg
Regie: Joachim Becker
               Christian Schmitz
Toningenieur: Christian Marx
Studio: Clarity Studio Berlin

unter www.cornelsen.de/daf-bibliothek